Gabriele Redden

Lebkuchen

selbst gebacken

Bassermann

24
6
11
8

Inhalt

Hoch lebe der Lebkuchen!

Es ist etwa 4000 Jahre her, dass die ersten Lebkuchen mesopotamische Backstuben mit ihrem so typischen, wunderbar würzigen Duft erfüllten. Und weil das Gebäck so beliebt war, verbreitete es sich schnell in der antiken Welt. Im alten Ägypten wurde den Pharaonen Honigkuchen auf ihre Reise ins Jenseits mitgegeben, in Griechenland wurde der Sage nach der Höllenhund Zerberus damit besänftigt. In Rom opferte man ihn den Göttern. Auch in unseren Breiten galt das Gebäck bis ins 18. Jahrhundert als kräftigende Heilnahrung, die nur in Apotheken erhältlich war. Hergestellt wurden die würzigen Laibe in Klöstern und besonderen Bäckereien, den Lebzeltereien.

Die Kunst der Lebzelterei

»Pfefferkuchen« tauchten erstmals im 11. Jahrhundert in einer Handschrift des Klosters Tegernsee auf. Ein Hinweis auf die orientalischen Gewürze, die damals alle als Pfeffer bezeichnet wurden. Umschlagplätze für Waren aus dem Morgenland waren Städte wie Nürnberg und Aachen, beide weltbekannt für ihre Lebkuchenspezialitäten. Die Lebzeltereien, die im 13. und 14. Jahrhundert überall in Deutschland gegründet wurden, gehörten zu den reichsten und mächtigsten Zünften. Ein zukünftiger Lebzelter durfte nichts auf dem Kerbholz haben, musste von ehelicher Geburt sein und bei seinem Eintritt in die dreijährige Lehre zwei Pfund kostbares Bienenwachs abliefern. Dabei war die Lebzelterei weit mehr als ein Handwerk: Sie war eine Kunst. Ein guter Lebküchner wusste nicht nur alles über die perfekte Teigkonsistenz, er schnitzte auch selber kunstvolle Holzmodeln. Zu jener Zeit wurde der Lebkuchen noch in diesen Holzformen gebacken. Heute verwendet man Modeln nur noch für Springerle (siehe Seite 58). Zudem ließ sich der Lebkuchenteig variieren und gestalten. Ob üppig mit Mandeln und Nüssen angereichert, mit kostbaren Gewürzen verfeinert, zu aufwendigen Figuren geformt und sogar vergoldet. Lebkuchen durften bei den Hochzeiten von Adeligen und Königen nicht fehlen. Die köstlichste Spezialität aber buk man zu Ehren der Heiligen Elisabeth, der Schutzpatronin der Bäcker und Lebzelter, den Elisenlebkuchen.

Nürnberger Lebküchner, um 1520.

Die wichtigsten Zutaten

Alle Zutaten sollten frisch sein und vor Backbeginn bereitstehen. Eine Küchenwaage hilft beim genauen Abwiegen. Schüsseln in verschiedenen Größen, ein scharfes Messer und ein Handrührgerät mit Quirlen und Knethaken sind unverzichtbare Helfer in der Lebkuchenbäckerei. Dazu benötigen Sie die folgenden Grundzutaten:

Mehl aus Weizen, Dinkel und Roggen ist am besten zum Backen geeignet. Der Ausmahlungsgrad (Type) gibt den Anteil der Schalen des jeweiligen Getreides an: Niedrige Mehl-Typen wie 405 enthalten wenig davon und sind daher hell und schmecken mild; hohe Typen wie 1050 sind dunkler, reich an Mineralstoffen und herzhaft im Geschmack.

Zucker wird aus dem Zuckerrohr oder der Zuckerrübe gewonnen. Brauner Zucker enthält Spuren von Aromastoffen, die beim Backen oder Süßen von Speisen besondere Geschmacksnuancen ergeben. Puderzucker ist gemahlener Zucker und wird für Glasuren und zum Backen verwendet, während Hagelzucker zum Verzieren von Gebäck dient.

Sirup wie Ahorn- oder Rübensirup sowie Birnendicksaft wird durch mehrmaliges Kochen des Saftes hergestellt und enthält einen Zuckeranteil von 62 Prozent und mehr.

Honig war lange Zeit das einzige Süßungsmittel und ist auch heute noch in der Lebkuchenbäckerei unverzichtbar.

Nüsse und Mandeln enthalten viele aromatische, gesunde Pflanzenöle. Da sie nicht lange haltbar sind, verarbeiten Sie Nuss und Mandelkern am besten gleich nach dem Knacken weiter.

Orangeat und Zitronat sind die kandierten Schalen der Bitterorange (Pomeranze) oder der Zedratzitrone. Sie kommen im Stück oder bereits gewürfelt in den Handel und schenken Gebäck ein besonders feines, fruchtiges Aroma.

Rosinen, Trockenfrüchte & Co. Bei Rosinen handelt es sich um getrocknete Weinbeeren, die je nach Rebsorte auch als Sultaninen oder Korinthen angeboten werden. Wie alle getrockneten Früchte haben sie einen hohen Zucker-, aber auch gesunden Ballaststoffanteil und verleihen Kuchen, Plätzchen, Lebkuchen und Deserts eine aromatische Süße.

Eier kommen im Idealfall aus biologischer oder Freilandhaltung. So schmecken sie besser. Sie dienen als Bindemittel und liefern dem Gebäck Glanz, Farbe und Nährwert.

Backpulver eignet sich als Triebmittel für fast alle Kuchenteige. Es lässt sich leicht unter jede beliebige Mehlsorte mischen und ist geschmacksneutral.

Natron wird als Lockerungsmittel für besonders schwere Teigarten (z.B. Honigkuchenteig) verwendet.

Pottasche und Hirschhornsalz verwendet man bei schweren Lebkuchen- oder Honigkuchenteigen, die genauso viel Honig (oder Honig und Zucker) wie Mehl enthalten. Sie verleihen den Teigen zudem eine typische Geschmacksnote. Wichtig: Sie sollten immer getrennt voneinander angerührt werden.

Lebkuchengewürze aus dem Morgenland

Schon im Altertum waren Gewürze von allen Völkern als Zutaten für Arzneien und die feine höfische Küche begehrt. Weil sie auf langen, abenteuerlichen Wegen transportiert wurden, waren sie oft so wertvoll wie Gold. Legenden und Geheimnisse rankten sich um die fernen Inseln und geheimnisvollen Ländern des Orients, aus denen sie kamen. Wer sich Pfeffer, Muskat, Zimt oder Kardamom leisten konnte, versprach sich davon Wunder wirkende Kräfte oder höchsten Genuss.

- **Anis** ist eines der ältesten Gewürze überhaupt und wurde schon in der Antike zu Heilzwecken verwendet. Sein Aroma ist würzig-süßlich. Anissamen verwendet man in Getränken, Salaten, Weihnachtsgebäck, Fettgebackenem, Obstgerichten und Konfitüren. Anis ist gemahlen oder als getrocknete Samenkörner im Supermarkt erhältlich.
- **Fenchel** stammt ursprünglich aus den Mittelmeerländern und ist mit dem Kümmel verwandt. Fenchel schmeckt anisähnlich und wird zum Würzen von Marinaden, Fisch, Wurst, Gemüse, Quark, Brot, Gebäck und Kuchen eingesetzt. Fenchel ist gemahlen oder als ganze getrocknete Samenkörner im Supermarkt erhältlich.
- **Gewürznelken** kommen ursprünglich von den sagenumwobenen Gewürzinseln, den Molukken. Sie schmecken sehr aromatisch und scharf und passen gut zu Zimt, Kardamom, Pfeffer. Sie eigenen sich für eingelegte Früchte, Marinaden und Wild sowie für Rotkohl und Weihnachtsgebäck. Gewürznelken sind gemahlen oder als getrocknete Blüte im Supermarkt erhältlich.
- **Ingwer** wird vor allem in Indien und China angebaut. Mit Ingwer kann man Gebäck, Getränke wie Tee, Schokolade oder Limonade (Ginger Ale) und viele asiatische Gerichte verfeinern. Ingwer ist frisch oder als getrocknete, gemahlene Wurzel im Supermarkt erhältlich.
- **Kardamom** wird heute überall in Südostasien angebaut. Seine Heimat allerdings ist Indien, aus dessen Küche er als Bestandteil des Currys nicht wegzudenken ist. Mit Kardamom werden Reis, Brot und Backwaren, Süßspeisen, Marinaden, Wurst und Fleisch sowie Obst und Obstsalate verfeinert. Kardamom ist gemahlen oder als getrocknete Samenkapseln im Supermarkt erhältlich.
- **Koriander** ist eines der ältesten Gewürze der Welt. Die ausgereiften, getrockneten Gewürzkörner besitzen ein süßes, würziges Aroma, das an getrocknete Orangenschalen, Zimt und Muskat erinnert. Er wird vorwiegend als Brotgewürz und in der Weihnachtsbäckerei verwendet. Koriander ist gemahlen oder als getrocknete Samenkörner im Supermarkt erhältlich.
- **Macis** ist auch als Muskatblüte bekannt, obwohl es sich dabei um den getrockneten Samenmantel der Muskatnuss handelt. Macis schmeckt angenehm-aromatisch, zarter und milder als Muskatnuss. Macis kann genauso verwendet werden wie Muskatnuss. Macis ist gemahlen oder im Ganzen getrocknet im gut sortierten Supermarkt erhältlich.

• **Muskat** kommt ursprünglich von den indonesischen Banda-Inseln. Die Bezeichnung »Nuss« ist botanisch falsch: Die Nuss ist tatsächlich der Samenkern einer aprikosenähnlichen Frucht. Muskat hat einen strengen, feurigen, leicht bitteren Geschmack. Daher sollte man ihn sparsam verwenden. Muskat harmoniert sehr gut mit Kardamom, Zimt, Nelken, Ingwer und Pfeffer. Er verfeinert aber auch pikante Gemüse, Gemüsesuppen, Soßen sowie Punsch und Glühwein. Muskat ist gemahlen oder als ganze Nuss im Supermarkt erhältlich.

• **Pfeffer** wächst vornehmlich in Indien, aber auch in Indonesien, Westafrika und Brasilien. Über Jahrhunderte war Pfeffer das teuerste Gewürz (daher stammt auch der Ausdruck »gepfefferte Preise«) und wurde sogar als Zahlungsmittel verwendet. Schwarzer Pfeffer wird für Gebäck, gebratenes Fleisch und Geflügel oder in Suppen und Saucen verwendet, weißer Pfeffer passt zu Saucen, hellem Gemüse und sogar zu Erdbeeren und eingelegtem Obst.

• **Piment** wird auch Nelkenpfeffer genannt. Die Maya würzten ihre Schokolade mit Piment, den Kolumbus fälschlicherweise für Pfeffer hielt und ihn deshalb »pimenta«, spanisch für Pfeffer nannte. Piment schmeckt nach Zimt, Muskat und Pfeffer. Piment würzt gebratenes Fleisch, Marinaden, Frikassees und Pasteten. Piment ist gemahlen oder als getrocknete Samenkörner im Supermarkt erhältlich.

• **Sternanis** wächst in Südostasien, riecht und schmeckt wie Anis, allerdings ist sein Aroma wesentlich intensiver. Man verwendet ihn bei uns in der Weihnachtsbäckerei, für Feingebäck, Pflaumenmus und Puddings. Sternanis ist gemahlen oder als getrocknete Samenkapsel im Supermarkt erhältlich.

Model aus Schwaben. Auch Model-Schnitzen gehörte zur Kunst der Lebküchner.

• **Vanille**, die »Königin der Gewürze«, kommt ursprünglich aus Mittel-Amerika. Eine besonders gute Qualität hat Vanille von der Insel Réunion, die früher Bourbon hieß. Sie veredelt Desserts, Kuchen und Gebäck. Vanille ist als fermentierte Schote oder mit Zucker gemischt als Vanillezucker im Supermarkt erhältlich.

• **Zimt** stammt ursprünglich aus Sri Lanka. Erst im 14. Jahrhundert kam Zimt über Arabien nach Europa. Man verwendet Zimt für Backwaren, Süßspeisen, Kompotte, zu Gemüse und Fleisch. Zimt ist gemahlen oder als getrocknete Rinde im Supermarkt erhältlich.

Lebkuchen-klassiker

Die Elisenlebkuchen, die ihren Namen der Schutzpatronin der Lebkuchenbäcker verdanken, sind die edelsten unter den Lebkuchen. Nur die besten Zutaten werden für sie verwendet. Das gilt auch für Honigkuchen und andere wohlgeformte Leckereien.

Elisenlebkuchen mit Mandeln

1 Das Zitronat und das Orangeat mit einem scharfen Messer fein hacken und beiseitestellen. Die Eiweiße und 50 Gramm Zucker in einer kleineren Schüssel mit dem Handrührgerät auf höchster Stufe schaumig schlagen. Dabei nach und nach den restlichen Zucker einrieseln lassen und zu festem Schnee schlagen. Die Marzipan-Rohmasse fein hacken und mit etwas Eischnee in einer großen Schüssel glatt rühren. Das Kakaopulver und das Hirschhornsalz darüberstreuen und unterrühren.

2 Die Mandeln, das Mehl, den Zimt, das Lebkuchengewürz und das Salz in einer Schüssel mischen. Die Mandel-Mehl-Mischung abwechselnd mit dem Eischnee unter die Marzipanmasse heben und 24 Stunden kühl stellen.

3 Die Oblaten auf einer Arbeitsfläche auslegen und den Teig mit einem Esslöffel auf ihnen verteilen. Dabei einen kleinen Rand lassen, da die Elisenlebkuchen beim Backen noch etwas aufgehen. Vor dem Backen bei Zimmertemperatur zwei Stunden trocknen lassen. Den Backofen auf 180 °C (Gas Stufe 2, Umluft 160 °C) vorheizen.

4 Die Elisenlebkuchen auf einem mit Backpapier belegten Blech etwa 15 Minuten goldbraun backen, sodass sie innen saftig bleiben. Auskühlen lassen und die Kuvertüre über einem heißen Wasserbad schmelzen. Die Hälfte der Lebkuchen mit flüssiger Kuvertüre bestreichen. Für die andere Hälfte den Puderzucker und 2 bis 3 Esslöffel Wasser glatt rühren und auf die Lebkuchen streichen. Trocknen lassen. Vor dem Verzehr in einer Blechdose etwa zwei Wochen lagern.

Zutaten für ca. 25 Stück

Teig
- 50 g Zitronat
- 50 g Orangeat
- 4 Eiweiß (M)
- 150 g Zucker
- 100 g Marzipan-Rohmasse
- 2 TL ungesüßter Kakao
- ¼ TL Hirschhornsalz
- 150 g gemahlene Mandeln
- 300 g Weizenmehl (Type 1050)
- 2 TL gemahlener Zimt
- 2TL Lebkuchengewürz
- ¼ TL Salz
- eventuell etwas Wasser
- ca. 25 Oblaten (9 cm Ø)

Außerdem
Backpapier

Guss
- 200 g dunkle Kuvertüre
- 200 g Puderzucker

Zutaten für ca. 80 Stück

Teig

- 100 g Zitronat
- 100 g Orangeat
- 75 g Butter
- 125 g Zucker
- 2 Eier (M)
- 250 g Mehl (Type 1050)
- 200 g grob gehackte Walnüsse
- 100 g Sultaninen (Rosinen)
- 1 TL gemahlener Zimt
- ¼ TL gemahlene Nelken
- 1 TL ungesüßter Kakao
- ¼ TL Salz
- 2 TL Backpulver
- ca. 80 Oblaten (5 cm Ø)

Guss

- 100 g Puderzucker
- 1 Eiweiß
- 1 EL Rum
- oder 250 g dunkle Kuvertüre

Feine Elisenlebkuchen

1 Das Zitronat und das Orangeat mit einem scharfen Messer fein hacken oder in der Küchenmaschine zerkleinern und beiseitestellen. Die Butter mit dem Zucker mit einem Handrührgerät auf höchster Stufe in einer großen Schüssel schaumig rühren. Nach und nach die Eier unterrühren, bis die Masse cremig ist.

2 Das Mehl, die Nüsse, die Sultaninen, das fein gehackte Zitronat und Orangeat, die Gewürze, den Kakao, das Salz und das Backpulver in einer Schüssel vermischen und mit den Knethaken unter die Butter-Ei-Masse mischen. Den Teig abdecken und über Nacht kühl stellen.

3 Den Backofen auf 200 °C (Gas Stufe 3, Umluft 180 °C) vorheizen. Die Oblaten auf einer Arbeitsfläche auslegen und den Teig mit einem Esslöffel auf ihnen verteilen. Dabei einen kleinen Rand lassen. Die Teighäufchen zwei Stunden trocknen lassen und anschließend im Backofen in etwa 20 Minuten goldbraun backen. Herausnehmen und auf einem Kuchengitter abkühlen lassen.

4 Den Puderzucker, das Eiweiß und den Rum in einer kleinen Schüssel glatt rühren. Die Lebkuchen damit bestreichen oder die Kuvertüre über einem heißen Wasserbad schmelzen lassen und die Elisenlebkuchen damit überziehen. Die Lebkuchen trocknen lassen. Vor dem Verzehr zwischen Pergamentpapierlagen in einer Blechdose etwa zwei Wochen lagern.

Zutaten für ca. 80 Stück

Teig
- 450 g Zucker
- 6 Eier (M)
- 100 g Zitronat
- 100 g Orangeat
- 1 Päckchen Vanillezucker
- 240 g gehackte Haselnüsse
- 240 g gemahlene Haselnüsse
- 50 g gehackte Walnüsse
- abgeriebene Schale von 1 unbehandelten Zitrone
- abgeriebene Schale von 1 unbehandelten Orange
- ½ TL gemahlener Zimt
- ½ TL gemahlener Piment
- ½ TL geriebene Muskatnuss
- ½ TL gemahlene Gewürznelken
- ½ TL gemahlene Muskatblüte (Macis)
- ¼ TL gemahlener Koriander
- ¼ TL gemahlener Kardamom
- ca. 80 Oblaten (4 cm Ø)

Guss
- 200 g Puderzucker
- 2 Tropfen Zitronensaft
- 2 EL Wasser
- 30 Walnusshälften
- 120 Pistazienhälften
- 200 g dunkle Kuvertüre
- 30 geschälte, halbierte Mandeln

Gewürz-Elisenlebkuchen

1 Den Zucker, die Eier und den Vanillezucker in einer großen Schüssel mit dem Handrührgerät auf höchster Stufe schaumig rühren. Das Zitronat und das Orangeat mit einem scharfen Messer fein hacken oder mit einer Küchenmaschine fein zerkleinern. Die Hasel- und Walnüsse, das Zitronat und das Orangeat und zuletzt den Zitronen- und Orangenabrieb sowie alle Gewürze gründlich untermischen. Den Teig abdecken und für 24 Stunden in den Kühlschrank stellen.

2 Den Backofen auf 200 °C (Gas Stufe 3, Umluft 180 °C) vorheizen. Die Oblaten auf einer Arbeitsfläche auslegen. Mit bemehlten Händen aus dem Teig kleine Kugeln von je etwa 20 Gramm formen und auf die Oblaten setzen. Jeweils 20 belegte Oblaten auf einem Backblech verteilen. Im Backofen etwa 15 Minuten backen und auf einem Kuchengitter auskühlen lassen.

3 Den Puderzucker, den Zitronensaft und das Wasser in einer kleinen Schüssel glatt rühren. Die Hälfte der Lebkuchen mit dieser hellen Glasur bestreichen und je eine Walnusshälfte oder eine Pistazienhälfte daraufsetzen.

4 Die dunkle Kuvertüre über dem heißen Wasserbad schmelzen und die übrigen Lebkuchen damit glasieren. Jeden Lebkuchen mit einer Mandelhälfte dekorieren. Vor dem Verzehr zwischen Pergamentpapierlagen in einer Blechdose etwa zwei Wochen lagern.

Lebkuchentorte

Zutaten für eine Springform
(26 cm Ø)

Teig
- 250 g gemahlene Haselnüsse
- 200 g Butter
- 7 Eier (M)
- 300 g ungefüllte Lebkuchenherzen
- 150 g Zucker
- 1 ½ EL Lebkuchengewürz
- 2 ½ EL flüssiger Honig
- 100 ml Rum

Außerdem
- Springform
- Backpapier
evtl. Pergamentpapier

Füllung
- 150 g Johannisbeergelee

Guss
- 250 g dunkle Kuvertüre

1 Den Backofen auf 175 °C (Gas Stufe 2, Umluft 155 °C) vorheizen. Die Eier trennen und die Eiweiße beiseitestellen. Die Butter mit dem Zucker mit einem Handrührgerät auf höchster Stufe in einer großen Schüssel schaumig rühren. Nach und nach die Eigelbe und das Lebkuchengewürz unterrühren.

2 Die Lebkuchenherzen im Mixer zerkleinern oder in einen Gefrierbeutel geben und mit einem Nudelholz zerkrümeln. Die Lebkuchenbrösel mit dem Honig, den Nüssen und dem Rum unter den Teig rühren.

3 Die Eiweiße in einer kleineren Schüssel mit dem Handrührgerät auf höchster Stufe steif schlagen und unter den Teig heben.

4 Das Backpapier auf dem Boden der Springform mithilfe des Randes einklemmen. Den Teig einfüllen und Backpapier oder Pergamentpapier darüberlegen, damit die Oberfläche nicht zu braun wird. Im Ofen auf mittlerer Schiene etwa 75 Minuten backen. Nach 50 Minuten Backzeit das Pergamentpapier entfernen. Den Kuchen herausnehmen, mit einem scharfen Messer aus der Form lösen und auf einem Kuchengitter abkühlen lassen.

5 Die Kuvertüre über einem heißen Wasserbad schmelzen. Den Kuchen quer halbieren. Das Johannisbeergelee in einem kleinen Topf unter Rühren erwärmen und die untere Tortenhälfte damit bestreichen. Mit der zweiten Hälfte bedecken und mit Kuvertüre bestreichen. Erkalten lassen und servieren.

Honigküchlein

Zutaten für ca. 80 Stück

Teig

- 200 g Butter
- 180 g Honig
- 5 Eier (M)
- 100 g Speisestärke
- 200 g Mehl
- 200 g dunkle Blockschokolade
- 60 g Zitronat
- 60 g Orangeat
- 2 TL gemahlener Zimt
- ½ TL gemahlene Muskatnuss
- 1 TL gemahlene Gewürznelken
- 200 g gehackte Haselnüsse

Außerdem

- Butter zum Fetten

Guss

- 300 g Puderzucker
- 2 Eiweiße
- 2 Tropfen Sonnenblumenöl
- gehackte Pistazien
- kandierte Orangenschale

1 Die zimmerwarme Butter in Stücke schneiden und mit dem Honig und den Eiern in eine große Schüssel geben. Die Zutaten mit dem Handrührgerät auf höchster Stufe schaumig rühren. Die Speisestärke und das Mehl mischen und darunterheben.

2 Die Blockschokolade fein reiben und das Zitronat sowie das Orangeat mit einem scharfen Messer fein schneiden oder mit der Küchenmaschine zerkleinern. Nach und nach den Zimt, den Muskat, die Nelken, die Schokoladenraspel, die Haselnüsse, Zitronat und Orangeat daruntermischen, sodass ein geschmeidiger Teig entsteht. Abdecken und 30 Minuten ruhen lassen.

3 Den Backofen auf 200 °C vorheizen (Gas Stufe 3, Umluft 180 °C). Ein Backblech gut einfetten und den Teig mithilfe eines breiten Messers oder einer Palette darauf in etwa zwei Zentimeter Höhe glatt streichen. Den Honigkuchen auf der mittleren Schiene etwa 20 Minuten goldbraun backen.

4 Herausnehmen und noch warm mit einem scharfen Messer in gleichmäßige Rauten schneiden. Auf dem Backblech abkühlen lassen. Den Puderzucker mit den Eiweißen und dem Pflanzenöl in einer kleinen Schüssel glatt rühren. Die Honigküchlein damit bestreichen. Die Orangenschale in feine Streifen schneiden und abwechselnd mit den Pistazien auf die Rauten streuen.

Die schönsten Familienrezepte

Der Duft frisch gebackener Lebkuchen stimmt das ganze Haus weihnachtlich – vor allem wenn alle beim Backen mithelfen. Und zu tun gibt es reichlich, vom Rühren des Teiges über das Ausstechen von besonderen Lebkuchenformen bis hin zum Naschen der Teigreste oder der fertigen Lebkuchen.

Opa Gustavs Lebkuchen

1 Die Sultaninen, das Zitronat und das Orangeat mit einem Messer fein hacken oder in der Küchenmaschine zerkleinern. Den Honig mit dem Zucker verrühren und in einem kleinen Topf unter Rühren leicht erwärmen, bis der Zucker sich vollständig aufgelöst hat.

2 Das Mehl mit dem Natron, dem Kakao, den Gewürzen, der Zitronenschale und den Nüssen in einer großen Schüssel gut vermischen. Den erwärmten Honig mit dem Zucker, die weiche Butter und die Eier mit dem Knethaken des Handrührgeräts nach und nach einarbeiten. Den Teig zu einer Kugel formen und in Folie gewickelt über Nacht an einem kühlen Platz ruhen lassen.

3 Den Backofen auf 175 °C (Gas Stufe 2; Umluft 155 °C) vorheizen. Den Teig nochmals gut durchkneten und mithilfe eines Nudelholzes auf einer bemehlten Arbeitsfläche ca. ½ Zentimeter dick ausrollen. Herzen und Sterne ausstechen und nicht zu dicht auf ein mit Backpapier belegtes Blech legen.

4 Die Eigelbe und die Milch mit einem Schneebesen verquirlen und die Lebkuchen damit bepinseln. Jeden Lebkuchen mit je einer Mandelhälfte belegen und im Backofen etwa 12 bis 15 Minuten backen. Zum Auskühlen auf ein Kuchengitter legen. Vor dem Verzehr zwischen Pergamentpapierlagen in einer Blechdose etwa zwei Wochen lagern.

Zutaten für ca. 100 Stück

Teig
- 100 g Sultaninen (oder Rosinen)
- 60 g Zitronat
- 100 g Orangeat
- 12 EL Honig
- 400 g Rohrzucker
- 500 g Roggenvollkornmehl
- 300 g Dinkelvollkornmehl
- 2 TL Natron
- 20 g ungesüßtes Kakaopulver
- 20 g Lebkuchengewürz
- 2 TL gemahlener Zimt
- 1 TL gemahlene Gewürznelken
- abgeriebene Schale von 1 unbehandelten Zitrone
- 140 g fein gehackte Haselnüsse
- 90 g weiche Butter
- 4 Eier (L)

Außerdem
- Backpapier
- Ausstecher (Herzen, Sterne)

Guss
- 2 Eigelb (M)
- 3 EL Milch
- ca. 100 geschälte, halbierte Mandeln

Kokos-Würfel

Zutaten für ca. 90 Stück

Teig
- 2 TL Hirschhornsalz
- 500 g Honig
- 625 g Zucker
- 125 g Butter
- 1 Tasse Bohnenkaffee
- 100 ml Milch
- 1000 g Weizenmehl (Type 1050)
- 1 Päckchen Backpulver
- 2 TL gemahlener Zimt
- 2 TL gemahlener Anis
- ¼ TL gemahlene Nelken
- 2 EL ungesüßter Kakao
- ½ TL geriebene Muskatnuss
- 2 Eier (M)

Außerdem
- Butter zum Fetten

Guss
- 500 g dunkle Kuvertüre
- 300 g Kokosraspel

1 Den Backofen auf 180 °C (Gas Stufe 2, Umluft 160 °C) vorheizen. Das Hirschhornsalz in einer kleinen Schüssel in 2 Esslöffel Wasser auflösen und beiseitestellen. Den Honig mit dem Zucker in einen kleinen Topf geben, erwärmen und unter Rühren auflösen. Die Butter hinzufügen und abkühlen lassen. Den Kaffee und die Milch dazugießen.

2 Das Mehl in einer großen Schüssel mit dem Backpulver vermischen. Die Honig-Zucker-Mischung darunterrühren. Das Hirschhornsalz, den Kakao sowie die Gewürze hinzufügen. Die beiden Eier dazugeben und alles zu einem geschmeidigen Teig verkneten. Falls er zu flüssig ist, eventuell noch etwas Mehl einarbeiten.

3 Eine Fettpfanne oder ein anderes tiefes Backblech mit etwas Butter fetten, den Teig hineingeben und mithilfe eines breiten Messers oder einer Palette glatt streichen. Im Backofen etwa 25 Minuten backen. Gut abkühlen lassen. Die Lebkuchenplatte in jeweils zwei mal zwei Zentimeter große Würfel schneiden.

4 Die Kuvertüre über einem heißen Wasserbad schmelzen. Die Kokosflocken in einen tiefen Teller streuen. Die Lebkuchenwürfel in den Guss tauchen, danach in den Flocken wälzen und auf einem Kuchengitter trocknen lassen. Vor dem Verzehr zwischen Pergamentpapierlagen in einer Blechdose etwa eine Woche lagern.

Zutaten für ca. 30 Stück

Teig

- 200 g Honig
- 50 g brauner Zucker
- 1 Eigelb
- 1 Prise Salz
- 1 EL ungesüßter Kakao
- abgeriebene Schale von 1 unbehandelten Zitrone
- 2 TL Lebkuchengewürz
- 2 TL Pottasche
- 50 g Orangeat
- 50 g Zitronat
- 300 g Weizenmehl (Type 1050)
- 100 g Mandelstifte

Außerdem

- Mehl zum Ausrollen
- Butter zum Fetten
- runder Ausstecher (8 cm Ø)

Guss

- 100 g dunkle Kuvertüre
- 125 g Puderzucker
- 2–3 EL Wasser

Dekoration

- 50 g kandierte Kirschen
- 50 g geschälte, halbierte Mandeln

Nürnberger Lebkuchen

1 Den Honig und den Zucker in einem kleinen Topf unter Rühren erhitzen, bis sich der Honig und der Zucker aufgelöst haben. Abkühlen lassen und in eine große Schüssel geben. Das Eigelb, den Kakao, den Zitronenabrieb und das Lebkuchengewürz unter die Mischung rühren. Die Pottasche in einer kleinen Schüssel mit 2 Esslöffel Wasser glatt rühren und dazugeben.

2 Den Backofen auf 180 °C (Gas Stufe 2, Umluft 160 °C) vorheizen. Das Orangeat und das Zitronat mit einem scharfen Messer oder in einer Küchenmaschine fein hacken und zum Teig geben. Mit dem Mehl und den Mandelstiften zu einem Teig verkneten. Die Arbeitsfläche mit Mehl bestreuen und den Teig darauf gut einen Zentimeter dick ausrollen. Runde Lebkuchen ausstechen.

3 Ein Backblech mit Butter fetten und die Lebkuchen darauf in etwa 20 Minuten goldbraun backen. Auf einem Kuchengitter auskühlen lassen.

4 Die Kuvertüre über dem heißen Wasserbad schmelzen und die Hälfte der Lebkuchen damit bestreichen. Den Puderzucker in einer kleinen Schüssel mit dem Wasser glatt rühren und die andere Hälfte der Lebkuchen damit bestreichen. Auf dem Kuchengitter etwas trocknen lassen und jeden Lebkuchen mit vier Mandelhälften und einer kandierten Kirsche verzieren. Vor dem Verzehr zwischen Pergamentpapierlagen in einer Blechdose etwa zwei Wochen lagern.

Zutaten für ca. 65 Stück

Teig
- 75 g Zitronat
- 75 g Orangeat
- 4 Eier (M)
- 250 g brauner Zucker
- 250 g Weizenmehl (Type 1050)
- 75 g gehackte Mandeln
- 200 g gemahlene Haselnüsse
- 1 TL gemahlener Zimt
- ½ Päckchen Backpulver
- ¼ TL gemahlene Gewürznelken
- ¼ TL gemahlener Kardamom
- ¼ TL geriebene Muskatnuss
- ca. 65 Oblaten (5 cm Ø)

Guss
- 200 g Puderzucker
- 3 EL Zitronensaft
- 65 geschälte, halbierte Mandeln

Selinas Lebkuchen

1 Das Zitronat und das Orangeat mit einem scharfen Messer fein hacken oder in einer Küchenmaschine zerkleinern. Die Eier und den Zucker in einer Schüssel mit dem Handrührgerät cremig rühren. Das Mehl, die Mandeln, die Haselnüsse, das Orangeat, das Zitronat, den Zimt, das Backpulver und die übrigen Gewürze dazugeben und gut untermischen.

2 Je einen Esslöffel Teig auf die Oblaten geben. Mit angefeuchteten Fingern in Form streichen und auf ein Backblech setzen. Die Lebkuchen beiseitestellen und 12 Stunden antrocknen lassen.

3 Den Backofen auf 160 °C (Gas Stufe 1, Umluft 140 °C) vorheizen. Ein Backblech mit Backpapier belegen und die Lebkuchen daraufsetzen. Die Lebkuchen auf der mittleren Schiene etwa 18 bis 20 Minuten backen. Auf einem Kuchengitter abkühlen lassen.

4 In einer kleinen Schüssel den Puderzucker mit dem Zitronensaft glatt rühren und die Lebkuchen damit bestreichen. Auf jeden Lebkuchen eine Mandel setzen und trocknen lassen. Vor dem Verzehr zwischen Pergamentpapierlagen in einer Blechdose etwa zwei Wochen lagern.

Zutaten für ca. 65 Stück

Teig

- 150 g Zucker
- 300 g Zuckerrübensirup
- 50 g Butter
- 1 Tasse starker Bohnenkaffee
- 500 g Weizenmehl (Type 1050)
- 1 Ei (M)
- 1 Päckchen Backpulver
- 1 Päckchen Lebkuchengewürz

Außerdem

- Butter zum Fetten
- rechteckige Auflaufform (30 x 39 cm)

Dekoration

- 250 g Hagelzucker
- 200 g gehackte Haselnüsse

Oma Schüllers Lebkuchen

1 Den Backofen auf 180 °C (Gas Stufe 2, Umluft 160 °C) vorheizen. Die Auflaufform mit etwas weicher Butter gründlich einfetten.

2 Den Zucker mit dem Zuckerrübensirup, dem abgekühlten Kaffee und der Butter in einen kleinen Topf geben, erhitzen und unter Rühren den Zucker schmelzen. Die Mischung abkühlen lassen.

3 Das Mehl, das Ei, das Backpulver und das Lebkuchengewürz in eine große Schüssel geben und vermischen. Die abgekühlte Zuckermischung darunterrühren und alles zu einem geschmeidigen Teig verkneten.

4 Den Teig in die gefettete Auflaufform geben und mit dem Hagelzucker und den gehackten Haselnüssen bestreuen. Im Backofen etwa 30 Minuten goldbraun backen. Gegen Ende der Backzeit ein Holzstäbchen in die Mitte des Lebkuchens stechen und prüfen, ob keine Teigreste daran kleben bleiben. Falls schon, die Backzeit noch um ein paar Minuten verlängern.

5 Die Lebkuchen auf einem Kuchengitter auskühlen lassen und mit einem scharfen Messer in kleine Rechtecke von 3 x 4 Zentimeter schneiden. Vor dem Verzehr zwischen Pergamentpapierlagen in einer Blechdose etwa zwei Wochen lagern.

Zutaten für ca. 80 Stück

Teig
- 70 g Zitronat
- 70 g Orangeat
- 7 g Hirschhornsalz
- 500 g brauner Zucker
- 3 Eier (M)
- 250 g trockene Croissants
- 400 g gemahlene Haselnüsse
- 200 g gemahlene Mandeln
- 1 Päckchen Lebkuchengewürz
- ½ TL gemahlener Zimt
- ¼ TL gemahlene Gewürznelken
- 250 g Weizenmehl (Type 1050)
- ca. 80 rechteckige Oblaten

Außerdem
- Backpapier

Guss
- 250 g Puderzucker
- 2 EL Zitronensaft
- 200 g dunkle Kuvertüre

Zitronen-Lebkuchen

1 Den Backofen auf 180 °C (Gas Stufe 2, Umluft 160 °C) vorheizen. Das Zitronat und das Orangeat mit einem scharfen Messer fein hacken oder in der Küchenmaschine zerkleinern. Das Hirschhornsalz in einem Esslöffel Wasser auflösen und beiseitestellen.

2 Den Zucker und die Eier mit einem Handrührgerät in einer großen Schüssel schaumig schlagen. Die Croissants in einer Schüssel mit nur so viel kaltem Wasser einweichen, dass sie gut getränkt sind und keine Flüssigkeit übrig bleibt. Anschließend gut mit den Fingern ausdrücken und in Stücke rupfen. Die Croissantstücke unter die Zucker-Ei-Masse heben. Die Haselnüsse, die Mandeln, alle Gewürze sowie das Zitronat und das Orangeat gründlich untermischen.

3 Das Mehl und das aufgelöste Hirschhornsalz unter die Schaummasse heben und zu einem geschmeidigen Teig verkneten. Die Oblaten auf einem mit Backpapier belegten Backblech auslegen und mit einem Esslöffel abgestochene Teigportionen darauf verteilen. In den Backofen geben und etwa 15 Minuten backen. Gut auf einem Kuchengitter auskühlen lassen.

4 Den Puderzucker mit 2 Esslöffel Zitronensaft glatt rühren und auf die Hälfte der Lebkuchen streichen. Die Kuvertüre über einem heißen Wasserbad schmelzen und damit die andere Hälfte der Lebkuchen bestreichen. Vor dem Verzehr zwischen Pergamentpapierlagen in einer Blechdose etwa zwei Wochen lagern.

Zutaten für ca. 100 Stück

Teig
- 500 g Sultaninen (Rosinen)
- 200 g Zitronat
- 200 g Orangeat
- 12 cl Rum
- 10 g Pottasche
- 500 g Zucker
- 10 Eier (M)
- 250 g weiche Butter
- 500 g gemahlene Haselnüsse
- 2 TL gemahlener Zimt
- ½ TL gemahlene Gewürznelken
- 200 g Semmelbrösel
- 6 EL Weizenmehl (Type 1050)
- ca. 100 runde Oblaten (7 cm Ø)

Außerdem
- Backpapier

Guss
- 250 g dunkle Kuvertüre
- evtl. Rosinen und kandierte Früchte

Schoko-Nuss-Lebkuchen

1 Die Sultaninen, das Zitronat und das Orangeat mit einem scharfen Messer fein hacken oder in der Küchenmaschine zerkleinern und in eine Schüssel geben. Den Rum darübergießen, die Mischung abdecken und alles 2 Stunden ziehen lassen.

2 Die Pottasche in einer kleinen Schüssel mit einem Esslöffel Wasser auflösen. Den Zucker und die Eier in einer Schüssel mit dem Handrührgerät schaumig schlagen. Die zimmerwarme Butter in Stücke schneiden und darunterrühren. Die Haselnüsse, die Gewürze, die Pottasche und die Semmelbrösel sowie das Mehl unterheben und zu einem geschmeidigen Teig verkneten. Bei Bedarf noch etwas Mehl zugeben. Den Teig abdecken und über Nacht kühl stellen.

3 Den Backofen auf 180 °C (Gas Stufe 2, Umluft 160 °C) vorheizen. Die Oblaten auf der Arbeitsfläche auslegen. Den Teig mithilfe eines Esslöffels abstechen, auf die Oblaten streichen und diese auf ein mit Backpapier belegtes Backblech setzen. Auf der mittleren Schiene im Backofen 20 bis 25 Minuten backen. Auf einem Kuchengitter gut auskühlen lassen.

4 Die Kuvertüre über einem heißen Wasserbad schmelzen und die Lebkuchen damit bestreichen. Nach Belieben mit Rosinen oder gehackten kandierten Früchten bestreuen und auf einem Kuchengitter trocknen lassen. Vor dem Verzehr zwischen Pergamentpapierlagen in einer Blechdose etwa zwei Wochen lagern.

Zutaten für ca. 60 Stück

Teig
- 125 g flüssiger Honig
- 2 Eier
- 250 g Zucker
- 1 1/2 TL Zimt
- 2 TL Lebkuchengewürz
- abgeriebene Schale von 1 unbehandelten Zitrone
- ½ TL Pottasche
- ½ TL Hirschhornsalz
- 2 cl Kirschwasser
- 300 g Mehl
- 150 g gemahlene Mandeln
- 200 g Marzipan-Rohmasse

Außerdem
- Backpapier

Guss
- 400 g dunkle Kuvertüre
- evtl. Marzipan und ganze Mandeln

Lebkuchen mit Marzipan

1 Den Honig, die Eier, den Zucker, den Zimt, das Lebkuchengewürz und die abgeriebene Zitronenschale in einer großen Schüssel vermischen.

2 Die Pottasche in einer kleinen Schüssel mit 1 Esslöffel auflösen. Das Hirschhornsalz ebenfalls in einer kleinen Schüssel in einem Esslöffel Wasser auflösen. Beide Substanzen auf keinen Fall zusammen auflösen. Anschließend zusammen mit dem Kirschwasser unter die Honig-Eier-Mischung rühren.

3 Das Mehl mit den Mandeln mischen, unter die Honig-Eier-Mischung heben und alles gut zu einem geschmeidigen Teig verkneten. Ein Backblech mit Backpapier auslegen. Mit bemehlten Händen aus dem Teig kleine Kugeln von etwa 3 Zentimeter Durchmesser formen und diese mit ein wenig Abstand voneinander auf das Blech setzen.

4 Den Backofen auf 160 °C (Gas Stufe 1, Umluft 140 °C) vorheizen. Aus der Marzipan-Rohmasse etwa fingerbreite Rollen formen und in jeweils ein Zentimeter lange Stücke schneiden. Die Lebkuchenkugeln leicht abflachen und jeweils eine Marzipanportion in die Mitte drücken.

5 Im vorgeheizten Backofen 25 bis 30 Minuten backen. Auf einem Gitter auskühlen lassen. Die Kuvertüre über einem heißen Wasserbad schmelzen und die Lebkuchen rundherum damit überziehen. Nach Belieben mit einer Scheibe Marzipan und ganzen Mandeln verzieren. Auf einem Gitter trocknen lassen. Die Lebkuchen zwischen Pergamentpapierlagen in einer Blechdose aufbewahren.

Möhren-Lebkuchen

Zutaten für ca. 90 Stück

Teig
- 125 g Orangeat
- 125 g Zitronat
- 9 Eier (M)
- 500 g Zucker
- 375 g Mehl
- 500 g gemahlene Haselnüsse
- 2 Päckchen Lebkuchengewürz
- 250 g Möhren
- ca. 90 Oblaten (7 cm Ø)

Außerdem
- Backpapier

Dekoration
- eventuell Möhrenraspel

1 Das Orangeat und das Zitronat mit einem scharfen Messer oder in einer Küchenmaschine fein zerkleinern und beiseitestellen.

2 Die Eier mit dem Zucker in einer Schüssel mit dem Handrührgerät auf höchster Stufe schaumig schlagen. In einer großen Schüssel das Mehl, die gemahlenen Haselnüsse und das Lebkuchengewürz mischen und unter die Eier-Zucker-Masse ziehen.

3 Den Backofen auf 180 °C (Gas Stufe 2, Umluft 160 °C) vorheizen. Die Möhren waschen, putzen, mit einem Sparschäler schälen und auf einer Reibe fein raspeln. Dabei schnell arbeiten, sodass die Möhrenraspel nicht braun werden. Das Orangeat mit dem Zitronat und den frisch geraspelten Möhren unter die Eier-Nuss-Masse heben, verrühren und einen geschmeidigen Teig daraus kneten.

4 Die Oblaten auf der Arbeitsfläche auslegen. Mit einem Esslöffel portionsweise Teig abstechen. Je einen Esslöffel davon auf eine Oblate setzen und die fertig belegten Oblaten auf ein mit Backpapier belegtes Backblech geben. Im vorgeheizten Ofen etwa 25 Minuten goldbraun backen. Nach Belieben noch heiß mit feinen Möhrenraspeln bestreuen und gut auf einem Kuchengitter abkühlen lassen. Zwischen Pergamentpapierlagen in einer Blechdose aufbewahren.

Pfeffernüsse & Ausstecher

Ob dunkle würzige Pfefferkuchen, süße Aachener Printen, deftig gewürztes Magenbrot, schön geformter Baumschmuck, Spezialitäten wie Springerle oder bunte Engel – Pfeffernüsse und Lebkuchenfiguren können die unterschiedlichsten Formen annehmen und schmecken einfach himmlisch.

Pfeffernüsse

1 Die Eier in einer großen Schüssel aufschlagen und mit dem Handrührgerät auf höchster Stufe schaumig rühren. Dabei den Zucker langsam einrieseln lassen. Das Zitronat und das Orangeat mit einem scharfen Messer klein schneiden oder in der Küchenmaschine fein zerkleinern. Den Zitronenabrieb, das Salz, die Gewürze und das zerkleinerte Zitronat mit dem Orangeat nach und nach daruntermischen.

2 Das Hirschhornsalz in einer kleinen Schüssel in dem Rum auflösen und zusammen mit dem Mehl dazugeben und mit den Knethaken des Rührgeräts zu einem geschmeidigen Teig verarbeiten. Den Teig abdecken und kühl stellen.

3 Den Backofen auf 180 °C (Gas Stufe 2, Umluft 160 °C) vorheizen. Aus dem Teig mit bemehlten Händen kleine Kugeln mit etwa 2 Zentimeter Durchmesser formen. Wenn sie kleben, in etwas Mehl wälzen. Ein Backblech mit Backpapier auslegen. Die Pfeffernüsse daraufsetzen und auf der mittleren Schiene etwa 20 Minuten backen. Gut auf einem Kuchengitter auskühlen lassen.

4 Den Puderzucker in ein Schälchen sieben und mit dem Wasser und dem Rumaroma glatt rühren. Nach Belieben mit ein paar Tropfen Lebensmittelfarbe färben. Die Glasur portionsweise in eine Spritztüte mit einer sehr feinen Lochtülle geben und in feinen Zickzacklinien auf die Pfeffernüsse spritzen. Anschließend mit den Zuckerperlchen bestreuen und trocknen lassen.

Zutaten für ca. 80 Stück

Teig
- 5 Eier (M)
- 500 g Zucker
- abgeriebene Schale von 1 unbehandelten Zitrone
- 1 Prise Salz
- ¼ TL gemahlener Zimt
- ¼ TL geriebene Muskatnuss
- ¼ TL gemahlener Ingwer
- ¼ TL gemahlener Piment
- ¼ TL gemahlener Kardamom
- ¼ TL Lebkuchengewürz
- ½ TL weißer gemahlener Pfeffer
- 60 g Zitronat
- 60 g Orangeat
- 3 g Hirschhornsalz
- 20 ml Rum
- 750 g Weizenmehl (Type 1050)

Außerdem
- Backpapier

Guss
- 250 g Puderzucker
- 2 EL Wasser
- etwas Rumaroma
- rote Zuckerperlchen
- nach Belieben Lebensmittelfarbe (z.B. rosa)

Aachener Printen

Zutaten für ca. 20 Stück

Teig
- 50 g Orangeat
- 250 g Honig
- 2 EL Zucker
- 250 g Weizenmehl (Type 1050)
- ¼ TL Salz
- ½ TL gemahlener Zimt
- ½ TL zerstoßener Anis
- ¼ TL gemahlener Piment
- ¼ TL gemahlene Muskatblüte (Macis)
- 1 TL Pottasche
- 50 g Krümelkandis

Außerdem
- Backpapier
- Mehl zum Bestäuben

Guss
- 200 g dunkle Kuvertüre
- eventuell Goldstaub (Künstlerbedarf)

1 Das Orangeat mit einem scharfen Messer fein hacken oder in der Küchenmaschine zerkleinern. Den Honig in einen kleinen Topf geben. Den Zucker hinzufügen und unter Rühren leicht erwärmen, bis sich der Zucker aufgelöst hat. Den Topf vom Herd ziehen.

2 Das Mehl in eine große Schüssel geben und mit dem Salz, dem Zimt, dem Anis, Piment und frisch geriebenem Muskat würzen. Das Orangeat unter das Mehl mischen. Die Honig-Zucker-Mischung hinzufügen und die Masse zu einem geschmeidigen Teig kneten. Abdecken und mindestens zwei Tage bei Zimmertemperatur ruhen lassen.

3 Die Pottasche in einer kleinen Schüssel mit einem Esslöffel kaltem Wasser verrühren. Den Backofen auf 200 °C (Gas Stufe 3, Umluft 180 °C) vorheizen. Die Pottasche so lange unter den Teig kneten, bis er weich und geschmeidig ist.

4 Eine Arbeitsfläche mit Mehl bestreuen und den Teig darauf fingerdick ausrollen. Die Teigplatte mit Krümelkandis bestreuen und mit dem Nudelholz noch einmal leicht darüberrollen. Mit einem scharfen Messer Rechtecke von 3 mal 10 Zentimeter ausschneiden und die Printen auf ein mit Backpapier belegtes Backblech legen.

5 Im Backofen auf der mittleren Schiene etwa 12 Minuten backen. Die Printen herausnehmen und auf einem Kuchengitter abkühlen lassen. Die Kuvertüre über dem heißen Wasserbad schmelzen und die Printen damit bestreichen. Trocknen lassen und zwei Wochen lagern.

Magenbrot

Zutaten für ca. 60 Stück

Teig
- 500 g Weizenmehl (Type 1050)
- 1 EL Backpulver
- 2 EL ungesüßter Kakao
- ¼ TL Salz
- 1 TL gemahlener Zimt
- ½ TL gemahlene Gewürznelken
- ¼ TL geriebene Muskatnuss
- 450 g Zucker
- 150 ml Milch
- 150 ml Wasser
- 1 EL Kirschwasser

Außerdem
- Backpapier

Guss
- 100 g dunkle Schokolade
- 20 g Butter
- 100 ml Wasser
- 250 g Puderzucker
- 1 Prise Salz
- 1 TL gemahlener Zimt
- ¼ TL gemahlene Gewürznelken
- ¼ TL geriebene Muskatnuss

1 Den Backofen auf 180 °C (Gas Stufe 2, Umluft 160 °C) vorheizen. Ein tiefes Backblech oder eine Fettpfanne mit Backpapier auslegen.

2 Das Mehl, das Backpulver, den Kakao, das Salz, die Gewürze und den Zucker in einer großen Schüssel mischen. Die Milch, das Wasser und das Kirschwasser dazugießen. Mit dem Handrührgerät auf höchster Stufe und danach mit den Händen in einigen Minuten zu einem geschmeidigen Teig kneten.

3 Den Teig auf das Blech geben und mit einem breiten Messer oder einer Palette glatt streichen. Im Backofen auf der zweiten Schiene von unten etwa 20 Minuten backen. Herausnehmen und abkühlen lassen.

4 Die Teigplatte mit einem scharfen Messer in etwa 2 mal 4 Zentimeter große Stücke schneiden. Die Schokolade mit der Butter und dem Wasser in einem kleinen Topf bei geringer Hitze schmelzen. Den Puderzucker darübersieben, die Gewürze dazugeben und die Masse mit einem Schneebesen glatt rühren.

5 Das Magenbrot in die Glasur tauchen und auf einem Kuchengitter trocknen lassen. Vor dem Verzehr zwischen Pergamentpapierlagen mindestens eine Woche in einer Blechdose ruhen lassen.

Zutaten für ca. 60 Stück

Teig
- 400 g Honig
- 100 ml Wasser
- 100 g brauner Zucker
- 60 g Kokosfett
- 6 g Hirschhornsalz
- 300 g Weizenmehl (Type 1050)
- 300 g Roggenmehl (Type 1150)
- 1 Päckchen Lebkuchengewürz

Außerdem
- Backpapier
- Ausstechformen
- Stricknadel
- Spritzbeutel

Glasur
- 400 g Puderzucker
- 2 Eiweiß
- 3–4 Lebensmittelfarben

Baumschmuck

1 Den Honig, das Wasser und den braunen Zucker in einem kleinen Topf erhitzen und verrühren, bis sich der Zucker aufgelöst hat. Das Kokosfett dazugeben und schmelzen lassen. Den Topf vom Herd ziehen. Das Hirschhornsalz in einer kleinen Schüssel mit etwas Wasser verrühren. Das Weizenmehl, das Roggenmehl, das Hirschhornsalz und das Lebkuchengewürz in eine große Schüssel geben. Die abgekühlte Honigmasse hinzufügen und alles mit den Knethaken des Handrührgerätes auf höchster Stufe mehrere Minuten zu einem glatten Teig kneten. Den Teig abdecken und über Nacht kühl stellen.

2 Am nächsten Tag eine Arbeitsfläche mit Mehl bestreuen. Den Teig portionsweise mit einem Nudelholz dünn darauf ausrollen. Den Backofen auf 180 °C (Gas Stufe 2, Umluft 160 °C) vorheizen. Ein tiefes Backblech oder eine Fettpfanne mit Backpapier auslegen.

3 Die Figuren in beliebigen Formen ausstechen und auf das Backblech legen. Im Backofen etwa 15 Minuten backen. Danach sofort mit einer dicken Stricknadel die Löcher zum Aufhängen der Figuren stechen. Anschließend die Figuren auf einem Kuchengitter gut auskühlen lassen.

4 Für den Guss die Eiweiße in einer Schüssel sehr steif schlagen und dabei den Puderzucker einrieseln lassen. Die Masse in vier Portionen teilen und drei davon mit unterschiedlichen Lebensmittelfarben färben. Die Figuren damit nach Belieben glasieren und trocknen lassen. Den weißen Guss in einen Spritzbeutel mit feiner Lochtülle geben und den Baumschmuck damit verzieren.

13
11
8
6

Zutaten für ca. 20 Stück

Teig

- 25 g Butterschmalz
- 50 g Zucker
- 125 g Honig
- 200 g Weizenmehl (Type 1050)
- 50 g gemahlene Mandeln
- ½ TL gemahlener Zimt
- ½ TL gemahlener Kardamom
- ¼ TL geriebene Muskatnuss
- ¼ TL Salz
- 1 TL abgeriebene Schale von 1 unbehandelten Zitrone
- 1 EL Rum
- ½ TL Hirschhornsalz

Außerdem

- Backpapier

Glasur

- 175 g Zucker
- 6 EL Wasser

Pflastersteine

1 Das Butterschmalz in einem kleinen Topf erwärmen und schmelzen. Den Zucker darunterrühren, bis er sich aufgelöst hat, und den Honig untermischen. Den Topf vom Herd ziehen und die Masse abkühlen lassen.

2 Das Mehl in eine große Schüssel geben und mit den Mandeln mischen. Den Zimt, den Kardamom und den Muskat, das Salz und den Zitronenabrieb hinzufügen. Den Rum und die Honigmischung unter das Mehl mischen und alles zu einem geschmeidigen Teig kneten. Sollte der Teig zu klebrig sein, eventuell noch etwas Mehl zufügen. Den Teig zu einer Kugel formen, mit Klarsichtfolie abdecken und zwei Tage bei Zimmertemperatur ruhen lassen.

3 Den Backofen auf 175° C (Gas Stufe 2, Umluft 155 °C) vorheizen. Ein Backblech mit Backpapier auslegen. Das Hirschhornsalz in einer kleinen Schüssel in einem Esslöffel Wasser auflösen und zum Teig geben. Den Teig noch einmal mit den Händen so lange kneten, bis die Flüssigkeit vollkommen aufgesogen ist. Nun eine Rolle von 3 Zentimeter Durchmesser formen. Mit einem scharfen Messer in etwa 1 Zentimeter dicke Scheiben schneiden und mit etwas Abstand auf das Backblech setzen, da sie beim Backen noch auseinandergehen. Auf der mittleren Schiene im Backofen in ca. 15 Minuten hellbraun backen.

4 Den Zucker in einem kleinen Topf mit dem Wasser verrühren und so lange kochen, bis die Zuckerlösung ganz klar ist. Die Pflastersteine herausnehmen, auf ein Gitter legen und noch heiß mit der Glasur einpinseln. Gut trocknen lassen und eine Woche lagern.

Springerle

Zutaten für ca. 40 Stück

Teig
- 2 Eier (M)
- 250 g Zucker
- 2 Päckchen Vanillezucker
- 1 Prise Salz
- 250 g Weizenmehl (Type 405)
- ¼ TL Hirschhornsalz

Außerdem
- Mehl zum Bestäuben
- 4 EL Anissamen
- Modeln (Haushaltsgeschäft)
- Backpapier

1 Die Eier in einer Schüssel mit dem Handrührgerät auf höchster Stufe schaumig schlagen. Den Zucker und den Vanillezucker einrieseln lassen und unterrühren.

2 Das Hirschhornsalz mit etwas Wasser in einer Schüssel auflösen und mit dem Mehl in eine große Schüssel geben. Die Zucker-Eier-Masse darunterrühren und mit den Knethaken alles zu einem festen Teig kneten. Die Schüssel abdecken und den Teig eine Stunde lang kühl stellen.

3 Eine Arbeitsfläche mit Mehl bestreuen und den Teig mit einem Nudelholz etwa 5 Millimeter dick darauf ausrollen. Die Model mit Mehl bestäuben und auf den Teig legen. Kurz aber fest andrücken. Vor jedem Ausstechen die Model neu mit Mehl bestäuben.

4 Zwei Backbleche mit Mehl und anschließend mit Anissamen bestreuen. Die Springerle mit einem scharfen Messer entlang des Modelrandes ausschneiden und je 20 Stück auf ein mit Backpapier belegtes Backblech setzen. Über Nacht trocknen lassen.

5 Bei 150 °C (Gas Stufe 1, Umluft 130 °C) 35 Minuten backen. Vor dem Verzehr eine Woche lang mit Apfelschnitzen in eine gut schließende Dose schichten. Falls Sie die Springerle als Baumschmuck verwenden möchten, sofort nach dem Backen mit einer dicken Stricknadel ein Loch für die Aufhängung stechen und auf einem Kuchengitter auskühlen lassen.

Zutaten für ca. 50 Stück

Teig
- 2 Eier (M)
- 2 EL Vanillezucker
- 100 g brauner Zucker
- 75 g Honig
- 2 TL gemahlener Zimt
- 250 g Weizenmehl (Type 405)
- 50 g Rosinen
- 100 g gehackte Mandeln
- 100 g Schokoraspel

Außerdem
- Backpapier

Guss
- 100 g Kokosraspel
- 75 g gehackte Pistazien
- 150 g dunkle Kuvertüre

Hirtenstäbchen

1 Die Eier und ein Esslöffel warmes Wasser mit dem Handrührgerät in einer Schüssel auf höchster Stufe schaumig rühren. Den Vanillezucker und den Zucker einrieseln lassen und unterrühren. Den Honig ebenfalls gründlich darunterrühren.

2 Den Zimt und das Mehl vorsichtig unterheben. Anschließend weiterrühren, bis die Masse cremig ist.

3 Den Backofen auf 175° C (Gas Stufe 2, Umluft 155° C) vorheizen. Die Rosinen mit einem scharfen Messer klein hacken oder in einer Küchenmaschine zerkleinern und unter den Teig heben. Die gehackten Mandeln nach und nach einstreuen, dabei immer weiterrühren und zum Schluss die Schokoraspeln zufügen. Alles zu einem geschmeidigen Teig verrühren.

4 Ein Backblech mit Backpapier auslegen und den Teig mit einem breiten Messer oder einer Palette gleichmäßig dick darauf verstreichen. Im Backofen auf mittlerer Schiene in etwa 15 Minuten goldbraun backen. Herausnehmen und noch heiß mit einem scharfen Messer in etwa 5 Zentimeter lange und 1 Zentimeter breite Streifen schneiden. Die Stäbchen auf einem Kuchengitter auskühlen lassen.

5 Die Kokosraspel und die Pistazien jeweils auf einen tiefen Teller streuen. Die Kuvertüre über einem heißen Wasserbad schmelzen und die Hirtenstäbchen jeweils zur Hälfte darin eintauchen. Dann mit dem Schokoladenende in die Kokosraspel oder in die Pistazien tauchen. Auf einem Kuchengitter trocknen lassen.

Zutaten für 1 Haus

Teig
- Eine Portion heller Lebkuchenteig (Rezept siehe Seite 62)

Dekoration
- 250 g Puderzucker
- 1 Eiweiß
- Smarties
- Zuckerkugeln
- Lebkuchenfiguren (Rezept siehe Seite 62)

Hexenhäuschen

1 Lassen Sie die Schablonen so vergrößern, dass die Vierecke (Hauswände) folgende Maße aufweisen: 25 x 30 Zentimeter. Die übrigen Bauteile an diese Größe anpassen. Übertragen Sie die Bauteile dann auf dünne Pappe und schneiden Sie sie genau aus.

2 Den Backofen auf 170° C (Gas Stufe 3, Umluft 150° C) vorheizen. Zwei Backbleche mit Backpapier auslegen. Den Teig auf einer bemehlten Arbeitsfläche gleichmäßig ausrollen. Legen Sie die Schablonen darauf und schneiden Sie die Bauteile aus. Die Fenster- und Türöffnungen werden erst nach dem Backen ausgeschnitten. Sie dienen später als Fensterläden und als Tür. Den übrigen Teig rollen Sie für die Bodenplatte rund aus. Legen Sie alle Bauteile auf die Backbleche und backen Sie sie in etwa 20 Minuten goldbraun.

3 Das Eiweiß mit dem Puderzucker zu einer klebrigen Masse verrühren. Verkleben Sie zuerst je ein Giebelteil mit einer Hauswand, dann setzen Sie beide Hausteile zusammen. Verkleben Sie die Kanten und befestigen Sie den Unterbau auf der Bodenplatte. Danach setzen Sie beide Dachteile auf und verkleben sie. Anschließend setzen Sie den Schornstein zusammen und befestigen ihn auf dem Dach. Zum Schluss bringen Sie die Fensterläden und die Tür an. Dekorieren Sie das Häuschen nach Belieben mit Smarties, Lebkuchenfiguren und einer großen Portion Zuckerguss.

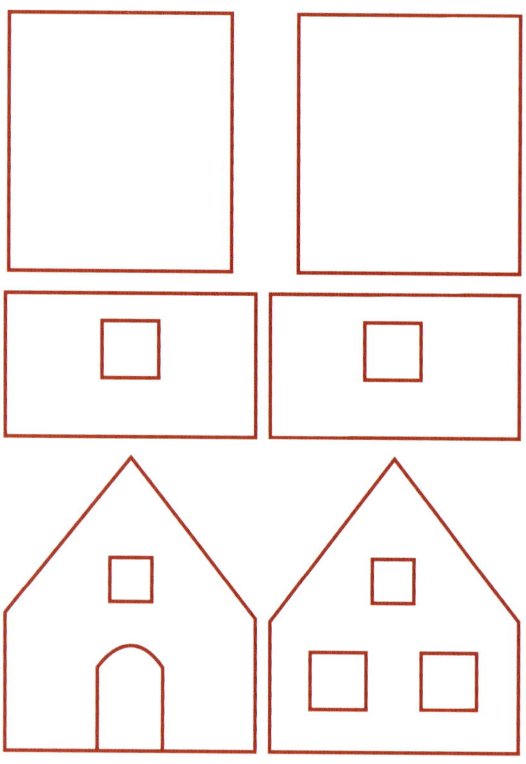

Lebkuchen aus aller Welt

Lebkuchen sind nicht nur eine deutsche Spezialität – das zeigen wir Ihnen mit unseren Rezepten aus der Schweiz, Österreich, Dänemark und anderen europäischen Ländern. Mit den Lebkuchen-Cookies aus den USA gewinnen Sie garantiert auch die Herzen verwöhnter Lebkuchenliebhaber.

Baseler Leckerli

1 Den Honig und den Zucker in einen kleinen Topf geben und bei geringer Temperatur unter Rühren schmelzen lassen. Das Orangeat und das Zitronat mit einem scharfen Messer fein hacken oder mit einer Küchenmaschine zerkleinern. Den Backofen auf 200 °C (Gas Stufe 3, Umluft 180 °C) vorheizen.

2 Die Pottasche und das Hirschhornsalz jeweils in 2 Esslöffeln Wasser auflösen. Das Mehl mit der Hälfte der Mandeln und der aufgelösten Pottasche und dem Hirschhornsalz mischen. Die Mischung auf eine Arbeitsplatte häufen und in die Mitte eine Mulde drücken. Die Gewürze, das Orangeat, das Zitronat, den Zitronenabrieb und den -saft sowie das Kirschwasser hineingeben.

3 Die andere Hälfte der Mandeln unter die Honig-Zuckermasse rühren. Diese Masse nun nach und nach mithilfe eines Teigschabers unter das Mehlgemisch arbeiten und alles zu einem festen Teig kneten.

4 Die Arbeitsfläche mit Mehl ausstreuen. Den Teig darauf etwa 2 Zentimeter dick ausrollen und entweder in Streifen (2 x 4 cm) schneiden oder mit Formen ausstechen.

5 Die Plätzchen auf ein mit Backpapier belegtes Backblech legen und etwa 15 Minuten backen. Für die Glasur den Puderzucker mit 3 bis 4 Esslöffel Wasser glatt rühren und auf die noch warmen Leckerli streichen. Gut auf einem Kuchengitter auskühlen lassen und vor dem Verzehr zwischen Pergamentpapierlagen in einer Blechdose etwa zwei Wochen lagern.

Zutaten für ca. 75 Stück

Teig
- 625 g Honig
- 425 g Zucker
- 85 g Orangeat
- 85 g Zitronat
- 2 EL Pottasche
- 20 g Hirschhornsalz
- 800 g Weizenmehl (Type 1050)
- 750 g gehackte Mandeln
- 2 EL gemahlener Zimt
- ¼ TL gemahlene Gewürznelken
- ½ TL geriebene Muskatnuss
- abgeriebene Schale und Saft von 1 unbehandelten Zitrone
- 20 ml Kirschwasser

Außerdem
- etwas Mehl
- Backpapier
- eventuell Ausstecher (Kreise, Herzen)

Guss
- 400 g Puderzucker
- 3–4 EL Wasser

Wachauer Lebkuchenrolle

Zutaten für ca. 65 Scheiben

Teig
- 3 Eier (M)
- 3 EL Honig
- 100 g Schweineschmalz
- 550 g Roggenmehl (Type 1150)
- 1 EL Lebkuchengewürz
- 250 g Zucker
- ½ TL Natron oder Backpulver
- 250 g getrocknete Pflaumen
- 250 g getrocknete Aprikosen
- 250 g Rosinen
- 125 ml Rum
- 250 g Aprikosenkonfitüre
- 150 g gehackte Walnüsse

Außerdem
- etwas Mehl
- Butter zum Fetten
- oder Backpapier
- Puderzucker

1 Die Eier mit den Quirlen des Handrührgeräts schaumig rühren. Den Honig und das Schmalz darunterrühren. Das Mehl mit dem Lebkuchengewürz, dem Zucker und dem Natron mischen und nach und nach unterrühren. Mit den Knethaken des Handrührgeräts auf höchster Stufe zu einem geschmeidigen Teig verarbeiten. Abdecken und 24 Stunden ruhen lassen.

2 Die getrockneten Pflaumen und Aprikosen mit einem scharfen Messer fein hacken. Mit den Rosinen in eine Schüssel geben und den Rum darüberträufeln. Die Früchte abdecken und 24 Stunden ziehen lassen.

3 Den Backofen auf 200 °C (Gas Stufe 2, Umluft 180 °C) vorheizen. Eine Arbeitsfläche mit Mehl bestäuben. Den Teig halbieren und zu schmalen Rechtecken (ca. 15 x 35 Zentimeter) ausrollen. Jedes Rechteck mit Aprikosenkonfitüre bestreichen und die marinierten Früchte darauf verteilen. Mit den Walnüssen bestreuen und von der Seite her fest einrollen.

4 Ein Backblech fetten oder mit Backpapier belegen. Die Lebkuchenrollen daraufsetzen und im vorgeheizten Backofen auf der mittleren Schiene etwa 30 Minuten backen. Noch warm mit Puderzucker bestäuben. Zum Auskühlen auf ein Kuchengitter legen und in 1 Zentimeter dicke Scheiben schneiden. Vor dem Verzehr zwischen Pergamentpapierlagen in einer Blechdose etwa zwei Wochen lagern.

Zutaten für ca. 70 Stück

Teig

- 125 g Zitronat
- 125 g Orangeat
- 7 Eiweiße (M)
- 500 g brauner Rohrzucker
- 600 g gemahlene Mandeln
- abgeriebene Schale von 1 unbehandelten Zitrone
- 1 EL Rum
- ¼ TL gemahlene Gewürznelken
- 1 TL gemahlener Zimt
- 70 Oblaten (5 cm Durchmesser)

Außerdem

- Backpapier

Glasur

- 350 g dunkle Kuvertüre
- eventuell gehackte Mandeln

Dänische Lebkuchen

1 Das Zitronat und das Orangeat mit einem scharfen Messer fein hacken oder in der Küchenmaschine zerkleinern und beiseitestellen. Die Eiweiße und den Rohrzucker in einer Schüssel mit den Quirlen des Handrührgeräts auf höchster Stufe schaumig rühren. Die gemahlenen Mandeln sorgfältig unterrühren.

2 Den Zitronenabrieb, das gehackte Orangeat und das Zitronat, den Rum und die Gewürze hinzufügen und alles mit dem Handrührgerät zu einer geschmeidigen Masse verrühren. Den Teig abdecken und für 24 Stunden an einem kühlen Ort ruhen lassen.

3 Den Backofen auf 140 °C (Gas Stufe 1, Umluft 120 °C) vorheizen. Den Teig mithilfe eines Esslöffels auf die Oblaten verteilen. Dabei einen kleinen Rand lassen, da der Teig beim Backen etwas zerläuft. Ein Backblech mit Backpapier auslegen und die Lebkuchen daraufsetzen. Im Ofen auf der mittleren Schiene in 15 bis 20 Minuten backen und darauf achten, dass sie auf keinen Fall braun werden. Herausnehmen und auf einem Kuchengitter abkühlen lassen.

4 Die Kuvertüre über dem heißen Wasserbad schmelzen und die Lebkuchen mit der flüssigen Schokolade überziehen. Nach Belieben mit gehackten Mandeln bestreuen und auf einem Kuchengitter trocknen lassen. Die Lebkuchen vor dem Verzehr zwischen Pergamentpapierlagen in einer Blechdose etwa zwei Wochen lagern.

Zutaten für ca. 75 Stück

Teig
- 250 g Honig
- 250 g Zucker
- 100 g Butter
- 2 Eier (M)
- 1 Prise Salz
- 2 TL gemahlener Zimt
- 1 TL gemahlene Gewürznelken
- ¼ TL gemahlener Kardamom
- ¼ TL gemahlener Ingwer
- abgeriebene Schale von ½ unbehandelten Orange
- 3 Tropfen Bittermandelaroma
- 1 TL Hirschhornsalz
- 1 TL Pottasche
- 750 g Weizenmehl (Type 1050)

Außerdem
- etwas Mehl
- Glas (4–5 cm Durchmesser)
- oder kreisförmiger Ausstecher
- Backpapier

Guss
- 250 g Puderzucker
- 2 EL Zitronensaft
- 300 g geschälte, halbierte Mandeln

Litauische Kathrinchen

1 Den Honig, den Zucker und die Butter in einem kleinen Topf erhitzen und solange rühren, bis sich der Zucker aufgelöst hat. Vom Herd ziehen und abkühlen lassen.

2 Die Eier und das Salz in einer Schüssel mit den Quirlen des Handrührgeräts auf höchster Stufe schaumig schlagen. Die Gewürze, der Orangenabrieb und das Bittermandelaroma daruntermischen. Die Eier-Gewürzmischung mit der Honigmasse zu einer geschmeidigen Masse verrühren. Das Hirschhornsalz und Pottasche jeweils in je 1 Esslöffel Wasser auflösen. Das Mehl portionsweise und abwechselnd mit der aufgelösten Pottasche und dem Hirschhornsalz daruntergeben. Mit den Knethaken des Handrührgeräts zu einem geschmeidigen Teig verarbeiten. Den Teig abdecken und 2 bis 3 Tage bei Zimmertemperatur ruhen lassen.

3 Den Backofen auf 175 °C (Gas Stufe 2, 155 °C Umluft) vorheizen. Eine Arbeitsfläche mit Mehl bestreuen und den Teig darauf etwa 1 Zentimeter dick ausrollen und mithilfe eines Glases oder einer Ausstechform runde Plätzchen ausstechen. Ein Backblech mit Backpapier auslegen und die Kathrinchen daraufsetzen. Im Backofen 15 bis 17 Minuten backen.

4 Das Gebäck auf einem Kuchengitter etwas abkühlen lassen. Den Puderzucker mit dem Zitronensaft und 3 Teelöffel Wasser glatt rühren und die Kathrinchen damit überziehen. Kreuzweise mit Mandelhälften belegen und gut trocknen lassen. Vor dem Verzehr zwischen Pergamentpapierlagen in einer Blechdose etwa 2 Wochen lagern.

Zutaten für ca. 40 Stück

Teig

- 240 g Zartbitter-Schokolade
- 1 Vanilleschote
- 160 g Butter
- 120 g brauner Rohrzucker
- 1 Ei (M)
- 1 EL Milch
- ½ Päckchen Backpulver
- 2 TL Lebkuchengewürz
- 120 g weißer Zucker
- 80 g gehackte Haselnüsse
- 200 g Weizenmehl (Type 1050)

Außerdem

- Backpapier
- Klarsichtfolie

Lebkuchen-Cookies

1 Den Backofen auf 175 °C (Gas Stufe 2, 155 °C Umluft) vorheizen. Die Schokolade mit einem scharfen Messer fein hacken oder in einer Küchenmaschine zerkleinern. Die Vanilleschote mit einem kleinen Messer längs halbieren, mit dem Messerrücken das Mark herauskratzen und beide Zutaten beiseitestellen. Die Vanilleschote zur Herstellung von Vanillezucker verwenden: Dazu einfach in ein Schraubglas mit weißem Zucker geben.

2 Die zimmerwarme Butter in Stücke schneiden und in eine große Rührschüssel geben. Den braunen Rohrzucker dazugeben und mit den Quirlen des Handrührgeräts zu einer geschmeidigen Masse verrühren. Das Ei und die Milch sorgfältig unterrühren. Die gehackte Schokolade, das Vanillemark, das Backpulver, das Lebkuchengewürz, den weißen Zucker, die gehackten Haselnüsse und das Mehl vermischen und nach und nach unter die Butter-Ei-Mischung ziehen.

3 Ein Backblech mit Backpapier auslegen. Mithilfe eines Teelöffels und mit jeweils 5 Zentimeter Abstand kleine Teighäufchen daraufsetzen. Die Cookies im vorgeheizten Backofen auf der mittleren Schiene in ca. 10 Minuten backen.

4 Die Cookies herausnehmen und auf einem Kuchengitter gut auskühlen lassen. Vor dem Verzehr zwischen Pergamentpapierlagen in einer Blechdose einige Tage lagern und dann zum Kaffee serviere.

Von A bis Z

Über dieses Buch

Die Autorin

Gabriele Redden arbeitete nach dem Studium in Deutschland und in den USA als Verlagslektorin, TV-Redakteurin und Ressortleiterin in einer großen Frauenzeitschrift. Sie schrieb mehrere Kochbücher, darunter »Vergessene Gemüse« und »Räuchern«. Heute schreibt sie als freie Journalistin über die schönen Dinge des Lebens: Essen, Wein und Reisen. Gabriele Redden lebt derzeit auf Mallorca.

Der Fotograf

Karl Newedel, Münchner Fotodesigner, sammelte nach seiner Ausbildung zum Koch nationale wie internationale Erfahrung in großen Häusern, bevor er sich 1982 als freischaffender Food-Stylist einen Namen machte. Seit 1996 agiert er selbst hinter der Kamera und gibt mit seinen Fotografien zahlreichen Büchern ein unverwechselbares Gesicht.

Bildnachweis

Alle Fotos stammen von Karl Newedel, München, mit Ausnahme von: P+R Studio, Helmut Peters, München (S. 13, S. 17, S. 23, S. 36, S. 43, S. 47, S. 49, S. 51). Die Hausbücher der Nürnberger-Zwölfbrüderstiftungen: S. 4 und S. 7.

Impressum

ISBN 978-3-8094-3321-7

1. Auflage

Die Originalausgabe erschien 2009 im Weltbild Buchverlag unter dem Titel: Lebkuchen – Die besten Rezepte für Genießer.

Umschlaggestaltung: Atelier Versen, Bad Aibling
Layout: X-Design, München
Bildredaktion: Martina Fuchs
Projektleitung: Anja Halveland

Satz: Nadine Thiel, kreativsatz
Druck und Verarbeitung: Druckerei Theiss, St. Stefan

Printed in Austria

FSC www.fsc.org MIX Papier aus verantwortungsvollen Quellen FSC® C012536

Verlagsgruppe Random House FSC® N001967
Das für diesen Titel verwendete FSC®-zertifizierte Papier *Profimatt* wurde produziert von Sappi Ehingen.

67428540111

Verwendete Abkürzungen

EL	Esslöffel	L	Large, groß (bei Eiern)
g	Gramm	M	Medium, mittel (bei Eiern)
kg	Kilogramm	ml	Milliliter
l	Liter	TL	Teelöffel